Impressum
Verlag: BABADADA GmbH, Nedderfeld 112 , 22529 Hamburg
Geschäftsführer / Verlagsleitung: Harald Hof
Druck: Books on Demand GmbH, In de Tarpen 42, 22848 Norderstedt

Imprint
Publisher: BABADADA GmbH, Nedderfeld 112 , 22529 Hamburg, Germany
Managing Director / Publishing direction: Harald Hof
Print: Books on Demand GmbH, In de Tarpen 42, 22848 Norderstedt, Germany

School

学校

delen
除

186/2

Tafel
黑板

Klassenstuuv
教室

Schoolhoff
校园

Schoolmeester
老师

Papeer
纸

schrieven
书写

Sticken
钢笔

Schrievdisch
办公桌

Lienholt
直尺

Book
书

Schöler
学生

Ranzel

书包

Feddermapp

铅笔盒

Bleesticken

铅笔

Scharpmaker

卷笔刀

Radeergummi

橡皮擦

Tekenblock

画板

Teken

图画

Pinsel

画笔

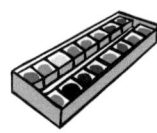

Malkassen

颜料盒

Scheer

剪刀

Klever

胶水

Heft to'n Öven

练习册

Huusopgaav

家庭作业

Tall

数字

tohooptellen

加

aftrecken

减

malnehmen

乘

reken

计算

Bookstaav

字母

ABC

字母表

Woort

字

Text

课文

lesen

读

Kried

粉笔

Stunn

上课

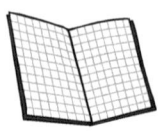

Klassenbook

登记

Pröven

考试

Tüügnis

证书

Schooluniform

校服

Utbillen

教育

Nakieksel

百科全书

Universität

大学

Mikroskop

显微镜

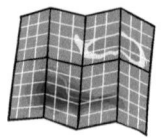

Koort

地图

Papeerkorf

废纸篓

Törn
旅行

Hotel
酒店
Grand
Harbarg
青年旅社
ROOMS
Wesselstuuv
外币兑换处
EXCHANGE
Kuffer
手提箱
Auto
汽车

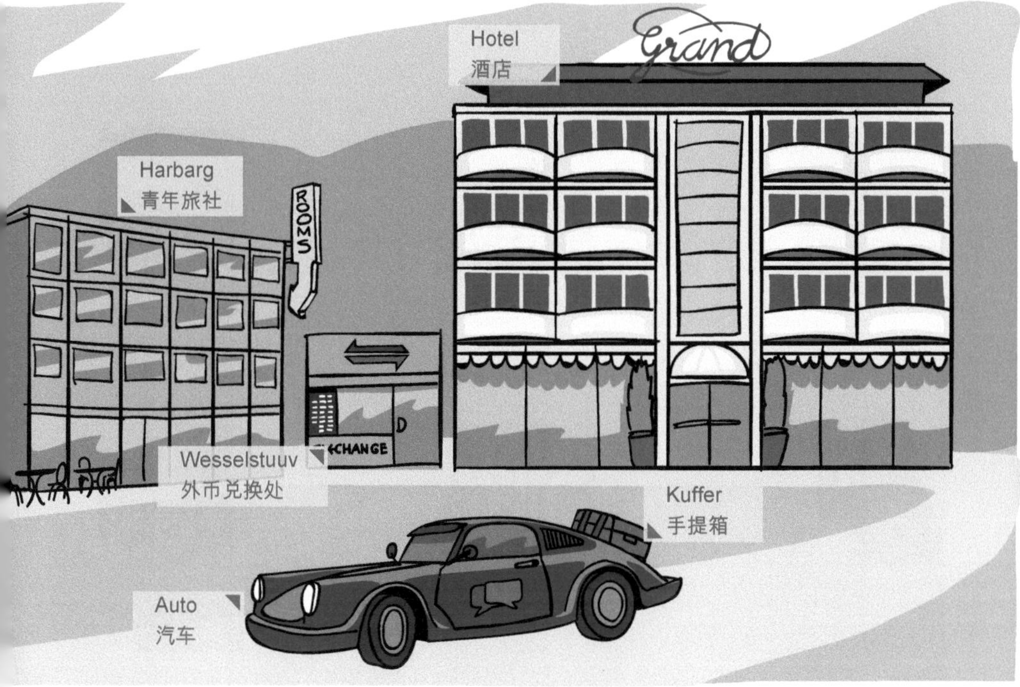

Spraak
语言

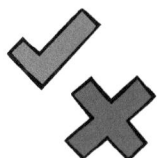

jo / ne
是/否

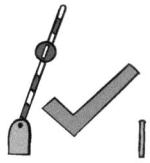

Jo
好的

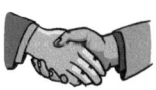

Moin
您好

Översetter
翻译员

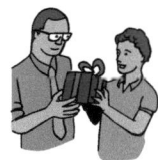

Dank ok
谢谢

Wat kost...?

……多少钱？

Ik verstah nich

我不明白

Problem

问题

Goden Avend

晚上好！

Moin!

早上好！

Gode Nacht!

晚安！

Tschüüs

再见

Richt

方向

Bagaasch

行李

Tasch

包

Rüchsack

双肩包

Gast

客人

Stuuv

房间

Slaapsack

睡袋

Telt

帐篷

Touristeninformatschoon

旅游信息

Strand

海滩

Kreditkoort

信用卡

Fröhstück

早餐

Meddageten

午餐

Avendeten

晚餐

Fohrkort

票

Fohrstohl

电梯

Breefmark

邮票

Grenz

边界

Toll

海关

Bottschop

大使馆

Visum

签证

Pass

护照

Transport

交通运输

Fleger
飞机

Schipp
船

Füerwehrauto
消防车

Autobus
公交车

Lastwagen
卡车

Motoorboot
汽艇

Fohrrad
自行车

Auto
汽车

Fähr

摆渡船

Boot

小船

Motoorrad

摩托车

Polizeiauto

警车

Rönnauto

赛车

Lehnwagen

租车

Carsharing

拼车

Afsleepwagen

拖车

Müllauto

垃圾车

Motoor

发动机

Kraftstoff

汽油

Tanksteed

加油站

Verkehrsschild

交通标志

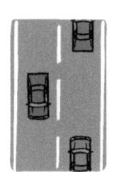

Verkehr

交通

Stau

交通堵塞

Afstellplatz

停车场

Bahnhoff

火车站

Sporen

轨道

Tog

火车

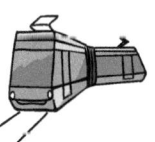

Stratenbahn

电车

Wagon

货车

Dwarsmöhl

直升机

Flooghaven

机场

Tower

塔

Fohrgast

乘客

Grootkist

集装箱

Karton

纸板箱

Koor

手推车

Korf

篮子

starten / lannen

起飞/降落

Stadt
城市

Dörp

村庄

Binnenstadt

市中心

Huus

房子

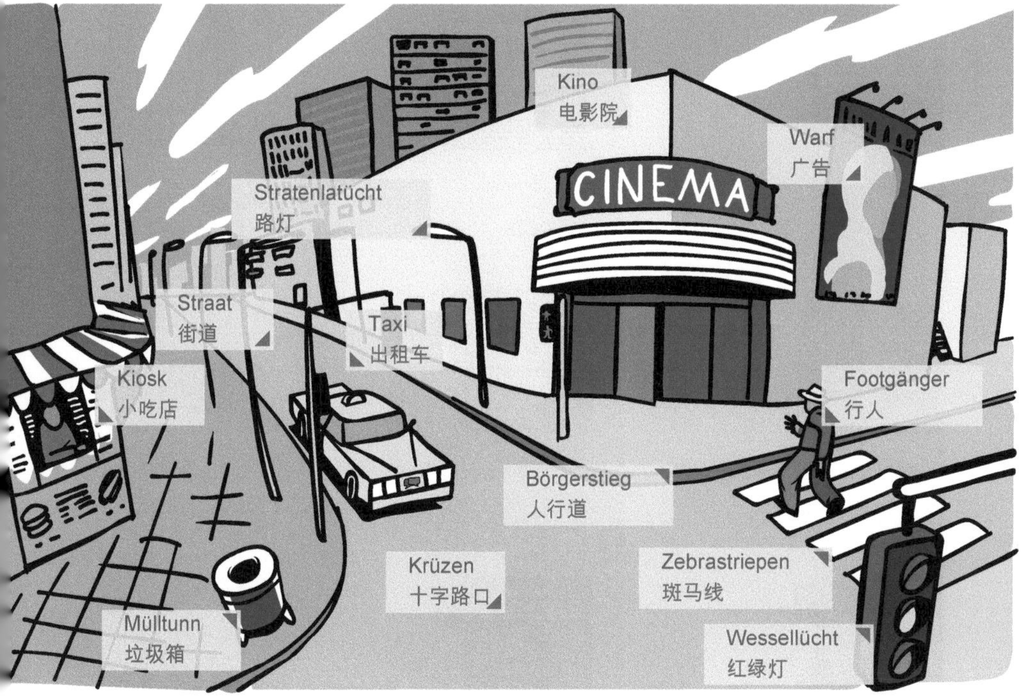

Hütt

小屋

Wahnung

公寓

Bahnhoff

火车站

Raathuus

巾政厅

Museum

博物馆

School

学校

Universität

大学

Bank

银行

Krankenhuus

医院

Hotel

酒店

Afteek

药房

Büro

办公室

Bookhökerie

书店

Hökerie

商店

Blomenhökerie

花店

Supermarkt

超市

Markt

市场

Koophuus

百货商店

Fischhökerie

鱼店

Inkoopszentrum

购物中心

Haven

海港

Parkanlaag

公园

Bank

长凳

Brüch

桥

Trepp

楼梯

Ünnergrundbahn

地铁

Tunnel

隧道

Busstoppsteed

公交车站

Bar

酒吧

Spieslokal

餐馆

Breefkassen

邮筒

Stratenschild

路标

Parkklock

停车计时器

Deertenpark

动物园

Baadanstalt

游泳馆

Moschee

清真寺

Buernhoff
农场

Ümweltversmudden
污染

Karkhoff
墓地

Kark
教堂

Speelplatz
操场

Tempel
寺庙

Landschop
地形

Blatt
树叶

Wiespahl
指示牌

Weg
路

Wisch
草地

Steen
石头

Boom
树

Wannerer
徒步旅行者

Fluss
河

Gras
草

Bloom
花

Daal
峡谷

Barg
山

See
湖

Holt
森林

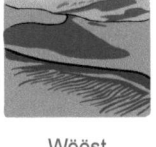

Wööst
沙漠

Füerspien Barg
火山

Slott
城堡

Regenbagen
彩虹

Poggenstohl
蘑菇

Palm
棕榈树

Steekmück
蚊子

Fleeg
苍蝇

Miegeemk
蚂蚁

Imm
蜜蜂

Spinn
蜘蛛

Sebber

甲虫

Pogg

青蛙

Katteker

松鼠

Swienegel

刺猬

Haas

野兔

Uul

猫头鹰

Vagel

鸟

Swaan

天鹅

Wildswien

野猪

Hirsch

鹿

Elk

麋鹿

Staudamm

水坝

Windrad

风力发电机

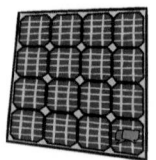

Solarmodul

太阳能电池板

Klima

气候

Spieslokal
餐馆

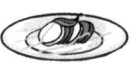

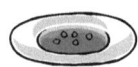

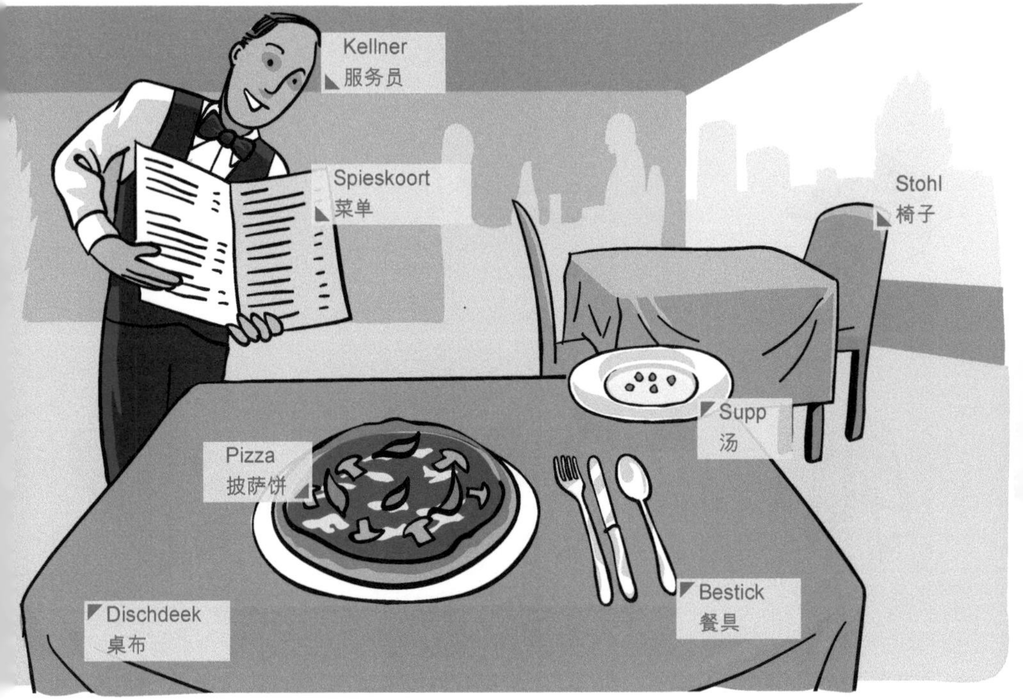
Kellner
服务员
Spieskoort
菜单
Stohl
椅子
Supp
汤
Pizza
披萨饼
Bestick
餐具
Dischdeek
桌布

Vörspies

前菜

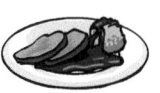

Haupteten

主菜

Nadlsch

甜点

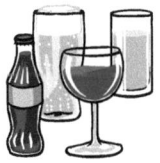

Drünk

饮料

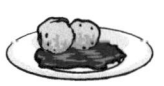

Eten

食物

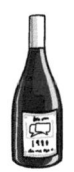

Buddel

瓶子

Fastfood

快餐

Strateneten

街边小吃

Teekann

茶壶

Zuckerdoos

糖盒

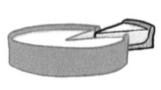

Portschoon

一份饭菜

Espressomaschien

意式咖啡机

Hoochstohl

高脚椅

Reken

账单

Tablett

托盘

Mess

刀

Gavel

餐叉

Lepel

勺子

Teelepel

茶匙

Munddook

餐巾

Glas

玻璃杯

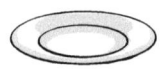

Töller

碟子

Suppentöller

汤盘

Ünnertass

碟子

Sooß

酱

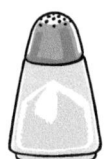

Soltstreuer

盐瓶

Pepermöhl

胡椒磨

Etig

醋

Ööl

食用油

Krüder

调味料

Ketchup

番茄酱

Mostrich

芥末

Mayonnaise

蛋黄酱

Supermarkt
超市

Anbott
特价
FOR
Kunn
顾客
Melkprodukten
乳制品
Aaft
水果
Inkoopswagen
购物车

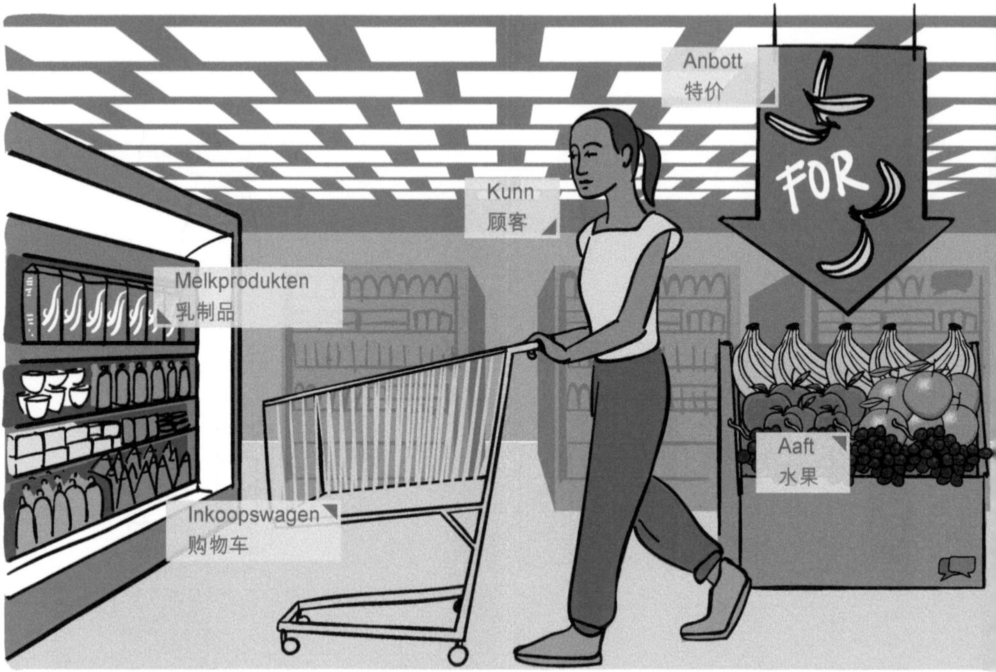

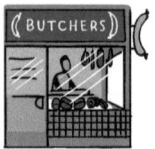

BUTCHERS

Slachterie
肉铺

BAKERY

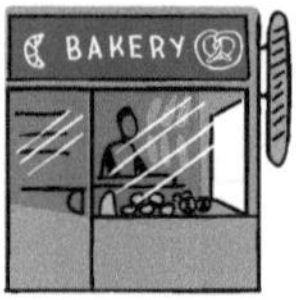

Bäckerie
面包房

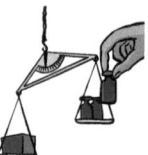

wegen
称重

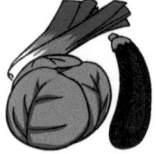

Gröönsaken
蔬菜

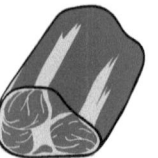

Fleesch
肉

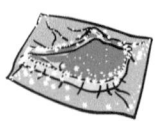

Deepköhlkost
冷冻食品

Opsnitt

冷盘

Konserven

罐头食品

Waschmiddel

洗衣粉

Snoopkraam

甜食

Huushooltssaken

日用品

Reinmaaktüüch

清洁用品

Verköpersche

销售员

Kass

收银机

Kasserer

收银员

Inkoopslist

购物清单

Opsparrtieden

开放时间

Breeftasch

钱包

Kreditkoort

信用卡

Tasch

袋子

Plastiktüüt

塑料袋

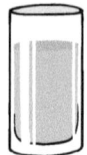

Water

水

Saft

果汁

Melk

牛奶

Cola

可乐

Wien

红酒

Beer

啤酒

Spriet

酒

Kakao

可可

Tee

茶

Koffie

咖啡

Espresso

意式浓缩咖啡

Cappucino

卡布奇诺

Banaan

香蕉

Appel

苹果

Appelsien

橙子

Meloon

西瓜

Zitroon

柠檬

Wöttel

胡萝卜

Knuuvlook

大蒜

Bambus

竹子

Zibbel

洋葱

Poggenstohl

蘑菇

Nööt

坚果

Nudeln

面条

Spaghetti

意大利面条

Ries

米饭

Salat

沙拉

Pommes frites

薯条

Braadkantüffeln

炸土豆

Pizza

披萨饼

Hamborger

汉堡包

Sandwich

三明治

Snitzel

炸猪排

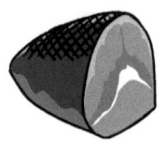

Schinken

火腿

Salami

萨拉米

Wust

香肠

Hohn

鸡肉

Braden

烤肉

Fisch

鱼

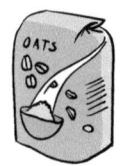

Haverflocken

燕麦片

Müsli

穆兹利

Cornflakes

玉米片

Mehl

面粉

Croissant

羊角面包

Rundstück

面包卷

Broot

面包

Toast

烤面包

Keksen

饼干

Botter

黄油

Quark

凝乳

Koken

蛋糕

Ei

蛋

Spegelei

煎蛋

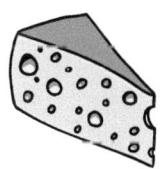

Kees

奶酪

Ies

冰激凌

Zucker

糖

Honnig

蜂蜜

Marmelaad

果酱

Nougat-Creme

巧克力酱

Curry

咖喱饭

Buernhuus
农舍

Strohballen
稻草捆

Schüün
粮仓

Feld
田野

Peerd
马

Hänger
拖车

Fahlen
马驹

Trecker
拖拉机

Esel
驴

Schaap
羊

Lamm
羔羊

Zeeg

山羊

Koh

奶牛

Kalf

牛犊

Swien

猪

Farken

小猪

Bull

公牛

Goos

鹅

Aant

鸭

Küken

小鸡

Hohn

母鸡

Hahn

公鸡

Rott

鼠

Katt

猫

Muus

老鼠

Oss

牛

Hund

狗

Hunnenhütt

狗屋

Goornslauch

花园浇水软管

Geetkann

洒水壶

Lee

长柄大镰刀

Ploog

犁

Sich

镰刀

Hack

锄头

Mestfork

长柄草耙

Ext

斧头

Schuufkoor

独轮手推车

Trog

饲料槽

Melkkann

牛奶罐

Sack

麻布袋

Tuun

栅栏

Stall

马厩

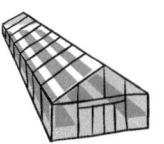

Drievhuus

温室

Bodden

土壤

Saat

种子

Dünger

肥料

Meihdöscher

联合收割机

oornen

收割

Oorn

收割

Yamswöttel

山药

Weten

小麦

Soja

大豆

Kantüffel

土豆

Törksche Weten

玉米

Rapp

油菜籽

Aaftboom

果树

Troopsch Kantüffel

树薯

Koorn

谷物

Huus
房子

Schosteen
烟囱
Dack
屋顶
Regenrönn
落水管
Finster
窗户
Dörklock
门铃
Garaasch
车库
Döör
门
Müllemmer
垃圾桶
Breefkassen
信箱
Goorn
花园

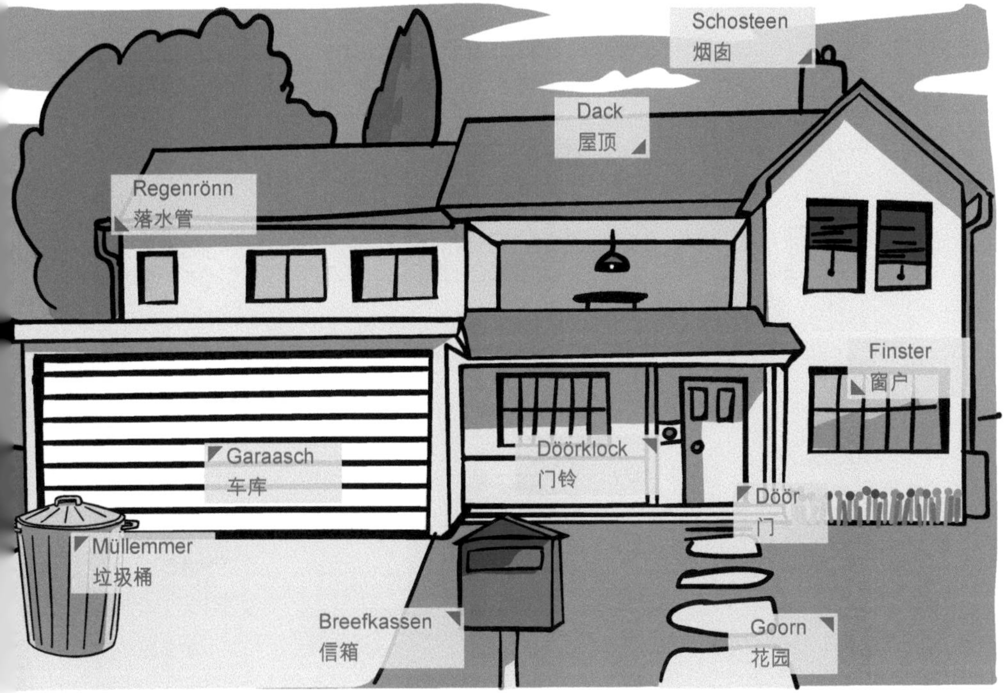

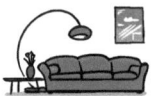

Wahnstuuv

客厅

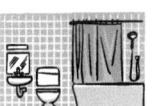

Baadstuuv

浴室

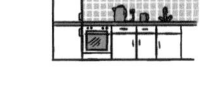

Köök

厨房

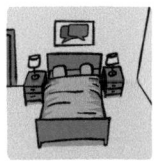

Slaapstuuv

卧室

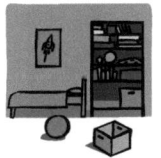

Kinnerstuuv

儿童房

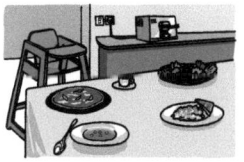

Eetstuuv

餐厅

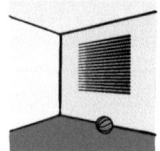

Footbodden

地板

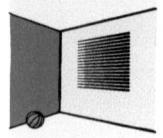

Wand

墙壁

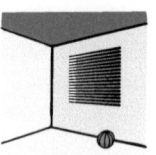

Deek

吊顶

Keller

地窖

Hittluftbad

桑拿

Balkon

阳台

Terrass

露台

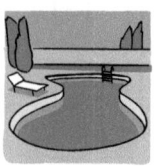

Swümmbad

游泳池

Rasenmeiher

割草机

Bettbetog

被单

Bettdeek

床罩

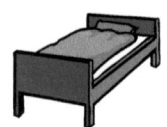

Puuch

床

Bessen

扫帚

Emmer

水桶

Schalter

开关

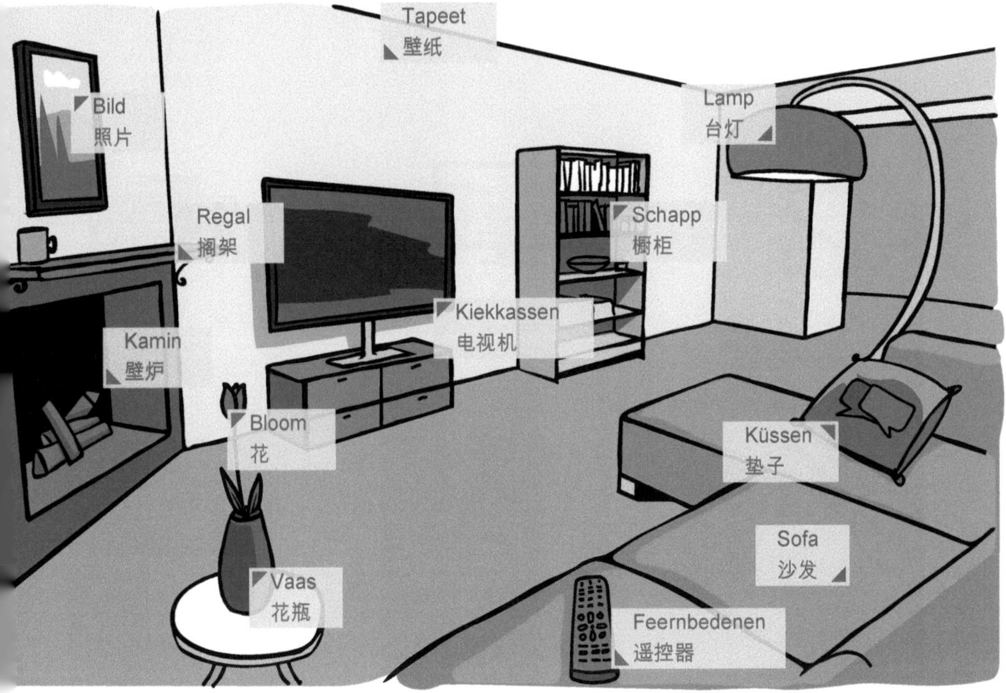

Tapeet
壁纸

Bild
照片

Lamp
台灯

Regal
搁架

Schapp
橱柜

Kamin
壁炉

Kiekkassen
电视机

Bloom
花

Küssen
垫子

Vaas
花瓶

Sofa
沙发

Feernbedenen
遥控器

Teppich

地毯

Vörhang

窗帘

Disch

餐桌

Stohl

椅子

Schuckelstohl

摇椅

Sessel

扶手椅

Book

书

Deek

毯子

Dekoratschoon

装饰品

Füerholt

木柴

Film

电影

Stereoanlaag

高保真音响

Slötel

钥匙

Narichtenblatt

报纸

Gemälde

油画

Poster

海报

Radio

收音机

Opschrievblock

笔记本

Huulbessen

吸尘器

Kaktus

仙人掌

Kars

蜡烛

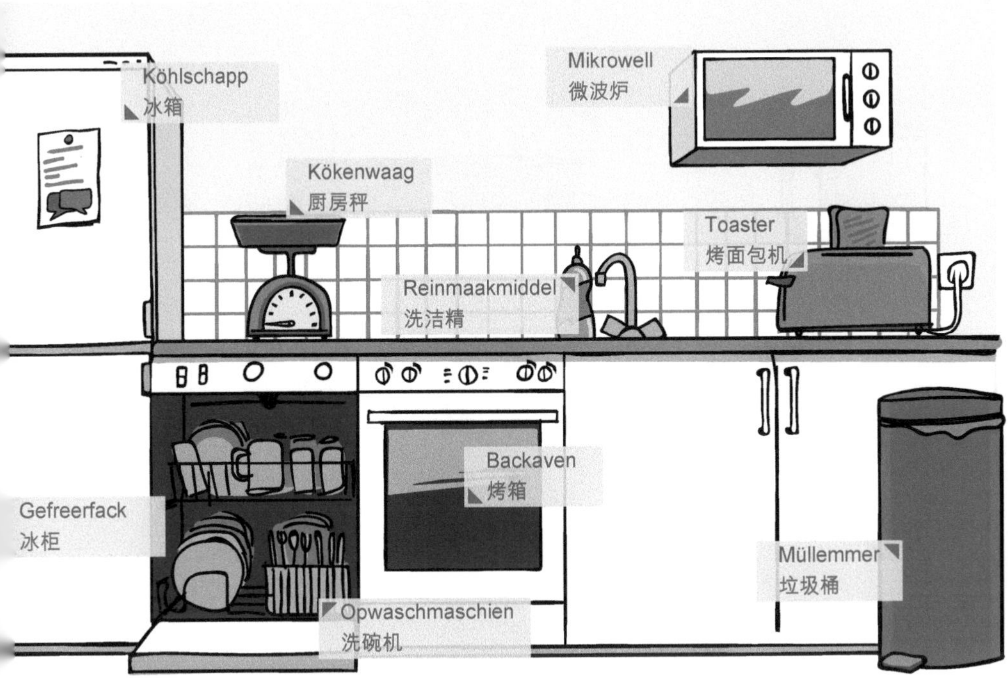

Köhlschapp
冰箱

Mikrowell
微波炉

Kökenwaag
厨房秤

Toaster
烤面包机

Reinmaakmiddel
洗洁精

Gefreerfack
冰柜

Backaven
烤箱

Müllemmer
垃圾桶

Opwaschmaschien
洗碗机

Heerd

炊具

Pott

锅

Gussiesern Pull

铸铁锅

Wok / Kadai

炒锅

Pann

平底锅

Waterkaker

水壶

Dampkaakputt

蒸锅

Backblick

烤盘

Geschirr

陶瓷锅

Beker

马克杯

Schaal

碗

Eetsticken

筷子

Suppenkell

长柄勺

Pannenwenner

铲子

Sneebessen

搅拌器

Kaakseef

滤网

Seef

筛子

Riev

磨碎机

Mörser

研钵

Grill

烧烤

Füerstell

明火

Sniedbrett

菜板

Nudelholt

擀面杖

Proppentrecker

开瓶器

Doos

罐子

Dosenaapner

开罐器

Pottlappen

隔热手套

Waschbecken

水槽

Böst

刷子

Swamm

海绵

Mixer

搅拌机

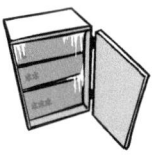

Iesschapp

冷藏箱

Nuckelbuddel

奶瓶

Waterhahn

水龙头

Baadstuuv

浴室

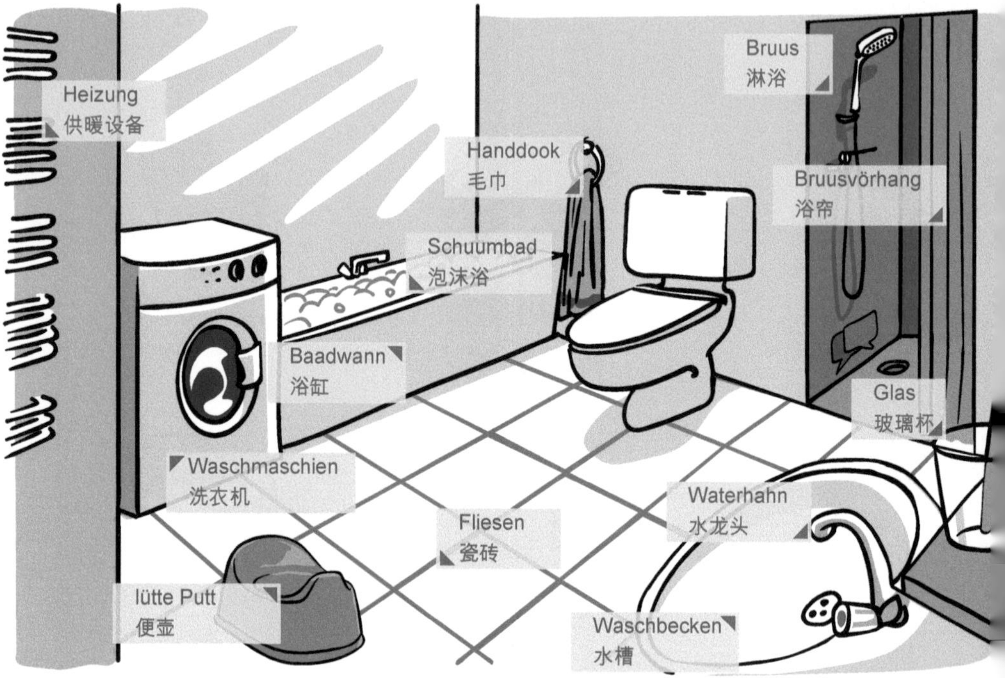

Heizung
供暖设备
Handdook
毛巾
Bruus
淋浴
Bruusvörhang
浴帘
Schuumbad
泡沫浴
Baadwann
浴缸
Glas
玻璃杯
Waschmaschien
洗衣机
Waterhahn
水龙头
Fliesen
瓷砖
lütte Putt
便壶
Waschbecken
水槽

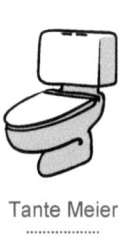

Tante Meier

厕所

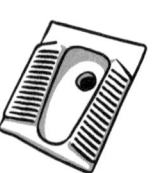

Hockklo

蹲便器

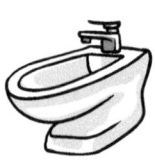

Bidet

坐浴器

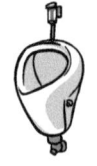

Miegbecken

小便池

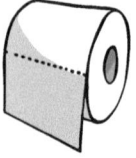

Klopapeer

厕纸

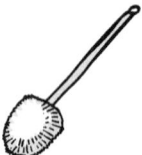

Kloböst

马桶刷

Tähnböst

牙刷

Tähnpast

牙膏

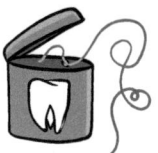

Tähnsied

牙线

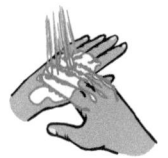

waschen

洗

Handbruus

手持式喷淋头

Intimbruus

冲洗器

Waschschöttel

洗脸盆

Rüchböst

擦背刷

Seep

肥皂

Bruusgeel

沐浴露

Hoorwaschmiddel

洗发水

Waschlappen

法兰绒

Afloop

排水

Creme

乳霜

Deodorant

除臭剂

Spegel

镜子

Kosmetikspegel

手镜

Raserer

剃须刀

Raseerschuum

剃须泡沫

Raseerwater

须后水

Kamm

梳子

Böst

刷子

Hoordröger

吹风机

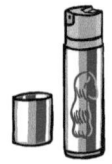

Hoorspray

喷发定型剂

Smink

化妆品

Lippensticken

唇膏

Nagellack

指甲油

Watt

化妆棉

Nagelscheer

指甲剪

Rüükwater

香水

Kulturbüdel

洗漱包

Schemel

凳子

Waag

计重秤

Baadmantel

浴袍

Gummihanschen

橡胶手套

Tampon

卫生棉条

Damenbinn

卫生巾

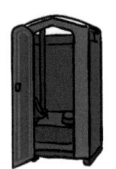

Chemieklo

化学厕所

Kinnerstuuv

儿童房

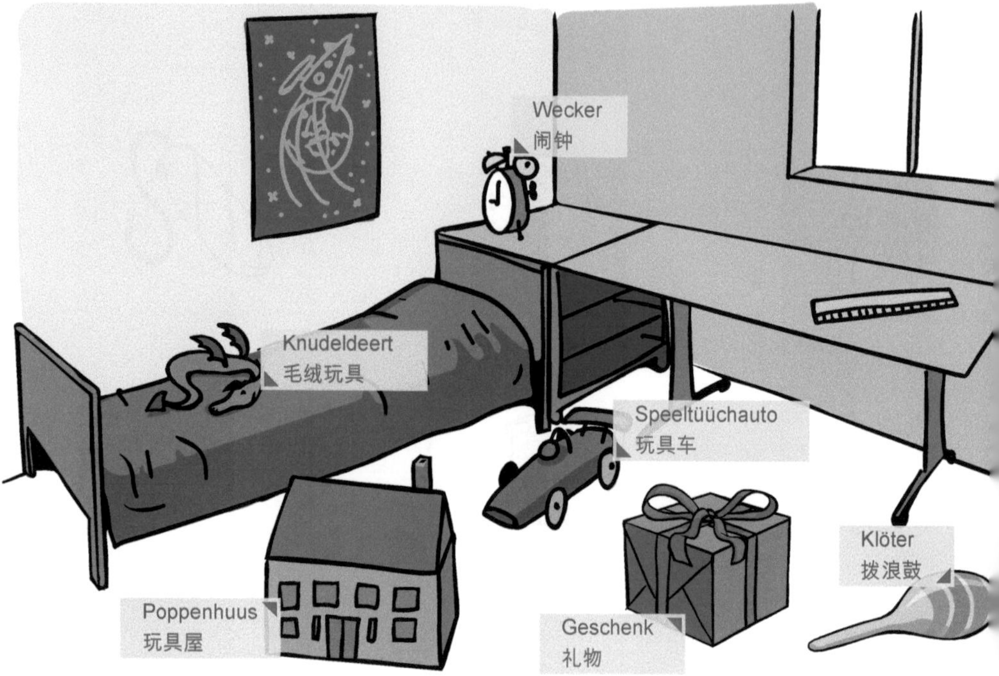
Wecker
闹钟
Knudeldeert
毛绒玩具
Speeltüüchauto
玩具车
Kklöter
拨浪鼓
Poppenhuus
玩具屋
Geschenk
礼物

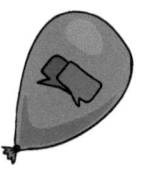

Luftballon

气球

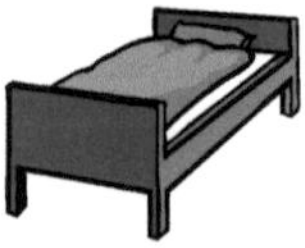

Puuch

床

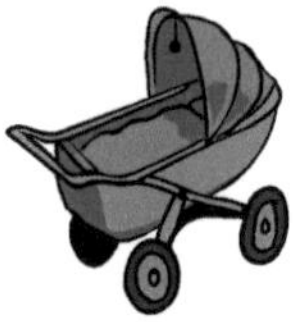

Kinnerwagen

（洋娃娃用）婴儿车

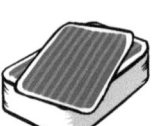

Koortenspeel

扑克牌

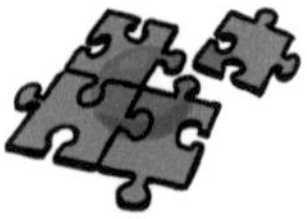

Puzzle

拼图

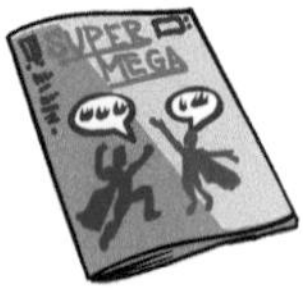
SUPER
MEGA

Billergeschicht

漫画

Legostenen

乐高积木

Bustenen

积木玩具

Action-Figur

玩具人

Strampelantog

婴儿服

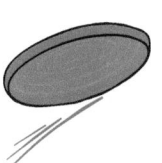

Frisbeeschiev

飞盘

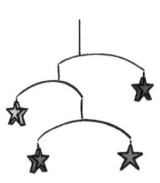

Mobile

床铃玩具

Brettspeel

棋盘游戏

Wörpel

骰子

Modelliesenbahn

火车模型

Snuller

安抚奶嘴

Party

聚会

Billerbook

绘本

Ball

球

Popp

洋娃娃

spelen

玩

Sandkassen

沙坑

Schuckel

秋千

Speeltüüch

玩具

Speelkonsool

游戏机

Dreerad

三轮车

Teddyboor

泰迪熊

Klederschapp

衣柜

Tüüch

衣服

Socken

袜子

Strümp

长袜

Strumpbüx

紧身裤

Halsdook
围巾

Liefreem
皮带

Paraplü
雨伞

T-Shirt
T恤

Stevel
靴子

Puuschen
拖鞋

Turnschoh
运动鞋

Sandalen
凉鞋

Schoh
鞋

Gummistevel
雨靴

Ünnerbüx
内裤

Bostholler
胸罩

Ünnerhemd
背心

Lief

身体

Büx

裤子

Jeansnüx

牛仔裤

Rock

短裙

Bluus

女式衬衫

Hemd

衬衫

Pullover

套头衫

Kapuzenpullover

卫衣

Blazer

西装夹克

Jack

夹克

Mantel

外套

Övertrecker

雨衣

Kostüm

套装

Kleed

连衣裙

Hochtietskleed

婚纱

Antog
西装

Nachtkleed
睡袍

Slaapantog
睡衣

Sari
莎丽

Koppdook
头巾

Turban
包头巾

Burka
波卡

Kaftan
卡夫坦

Abaya
(阿拉伯式)长袍

Baadantog
泳衣

Baadbüx
男式泳裤

Korte Büx
短裤

Antog to'n Öven
运动服

Schört
围裙

Handschoh
手套

Knopp

纽扣

Brill

眼镜

Armband

手链

Halskeed

项链

Ring

戒指

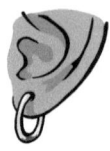

Ohrbummel

耳环

Mütz

便帽

Klederbögel

衣架

Hoot

帽子

Binner

领带

Rietslüter

拉链

Helm

头盔

Drachtband

背带

Schooluniform

校服

Uniform

制服

Severböten

围兜

Snuller

安抚奶嘴

Winnel

尿不湿

Büro
办公室

Server
服务器

Aktenschapp
文件柜

Drucker
打印机

Papeer
纸

Bildschirm
显示屏

Muus
鼠标

Schrievdisch
办公桌

Orner
文件夹

Knoopboord
键盘

Papeerkorf
废纸篓

Computer
电脑

Stohl
椅子

Koffiebeker

咖啡杯

Taschenreekner

计算器

Internet

因特网

Klappreekner

笔记本电脑

Breef

信件

Naricht

消息

Ackersnacker

手机

Nettwark

网络

Kopeerapparat

复印机

Software

软件

Klöönkassen

电话

Steekdoos

插座

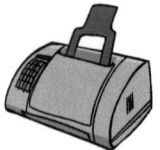

Faxapparat

传真机

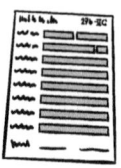

Formulor

表格

Dokument

文件

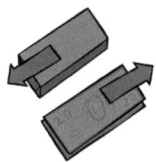

köpen

买

betahlen

付钱

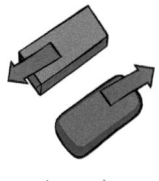

hanneln

交易

Geld

现金

Dollar

美元

Euro

欧元

Yen

日元

Ruvel

卢布

Swiezer Franken

瑞士法郎

Renminbi Yuan

人民币

Rupie

卢比

Geldautomat

提款处

Wesselstuuv

外币兑换处

Gold

金

Sülver

银

Ööl

石油

Energie

能源

Pries

价格

Verdrag

合同

Stüer

税金

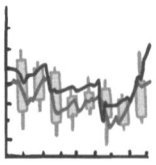

Andeelschien

股票

arbeiden

工作

Anstellte

职员

Arbeitgever

老板

Fabrik

工厂

Hökerie

商店

Wachtmeester
警官

Füerwehrmann
消防员

Kock
厨师

Dokter
医生

Fleger
飞行员

Coorner

园丁

Discher

木匠

Neihersche

裁缝

Richter

法官

Chemiker

化学家

Schauspeler

演员

Busfohrer

公交车司机

Taxifohrer

出租车司机

Fischer

渔夫

Reinmaakfru

清洁女工

Dackdecker

屋顶工

Kellner

服务员

Jäger

猎人

Maler

画家

Bäcker

面包师

Elektriker

电工

Buarbeider

建筑工人

Ingenieur

工程师

Slachter

屠夫

Klempner

水管工

Postbüdel

邮递员

Suldat

士兵

Architekt

建筑师

Kasserer

收银员

Florist

花农

Putzbüdel

理发师

Schaffner

售票员

Mechaniker

机械师

Kaptein

船长

Tähndokter

牙医

Wetenschopler

科学家

Rabbi

拉比

Imam

伊玛目

Mönk

和尚

Paap

牧师

Warktüüch

工具

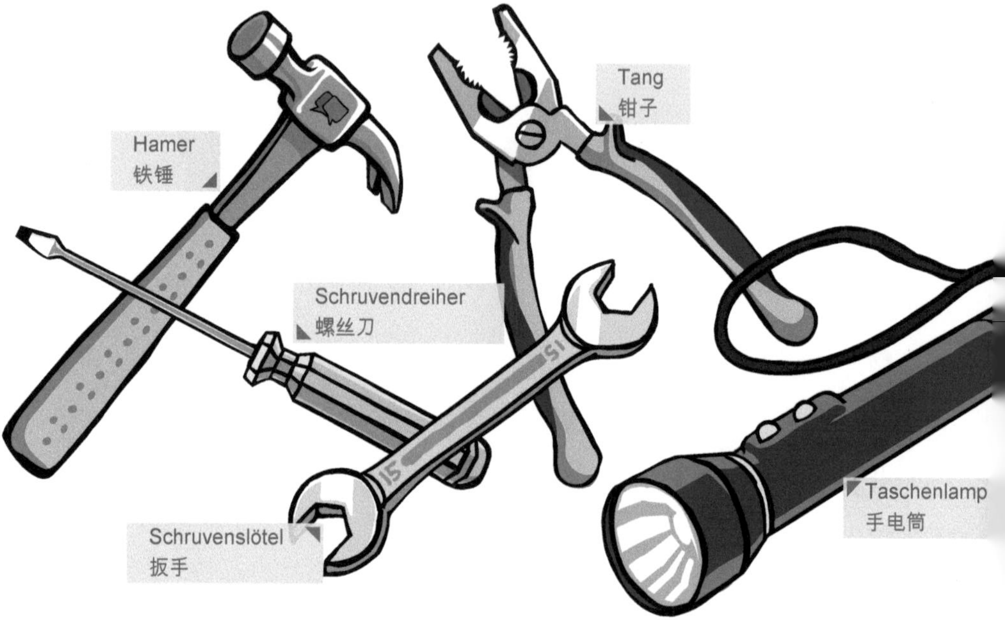
Hamer
铁锤
Tang
钳子
Schruvendreiher
螺丝刀
Schruvenslötel
扳手
Taschenlamp
手电筒

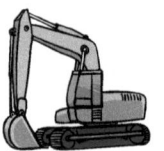

Grieper

挖掘机

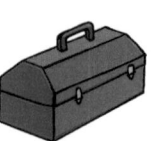

Warktüüchkassen

工具箱

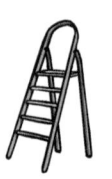

Ledder

梯子

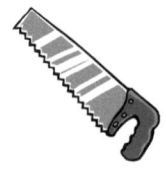

Saag

锯子

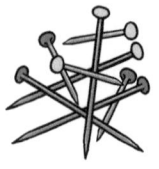

Nagels

钉子

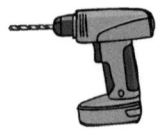

Bohrer

钻机

heelmaken

修

Schüffel

铲子

Schiet!

靠！

Kehrblick

簸箕

Farvpott

油漆桶

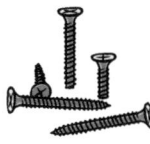

Schruven

螺丝

Musikinstrumenten

乐器

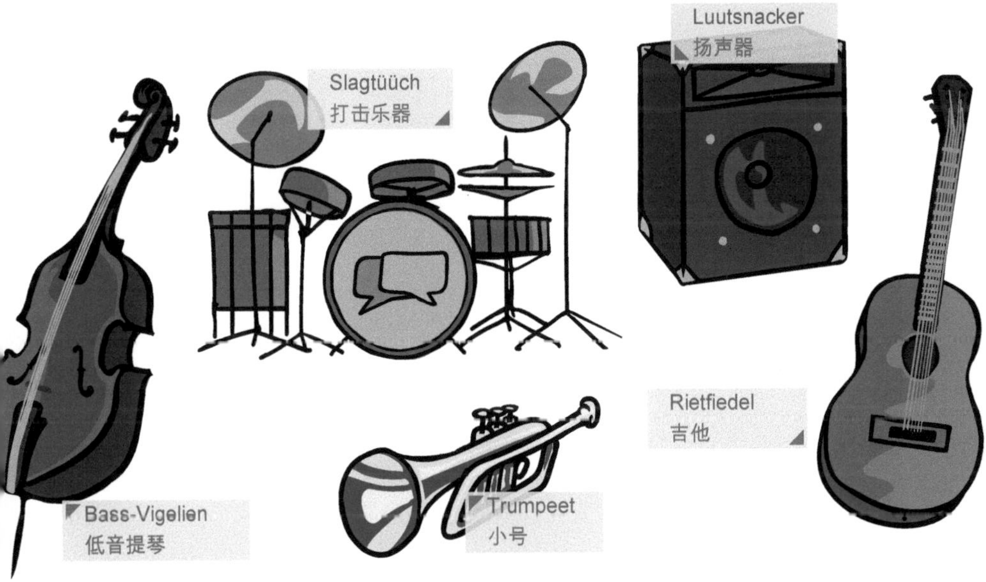

Slagtüüch
打击乐器

Luutsnacker
扬声器

Rietfiedel
吉他

Bass-Vigelien
低音提琴

Trumpeet
小号

Klaveer

钢琴

Vigelien

小提琴

Bass

贝斯

Pauk

定音鼓

Trummeln

鼓

Keyboard

电子琴

Saxophon

萨克斯管

Fleut

长笛

Mikrofoon

麦克风

Deertenpark
动物园

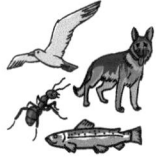

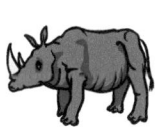

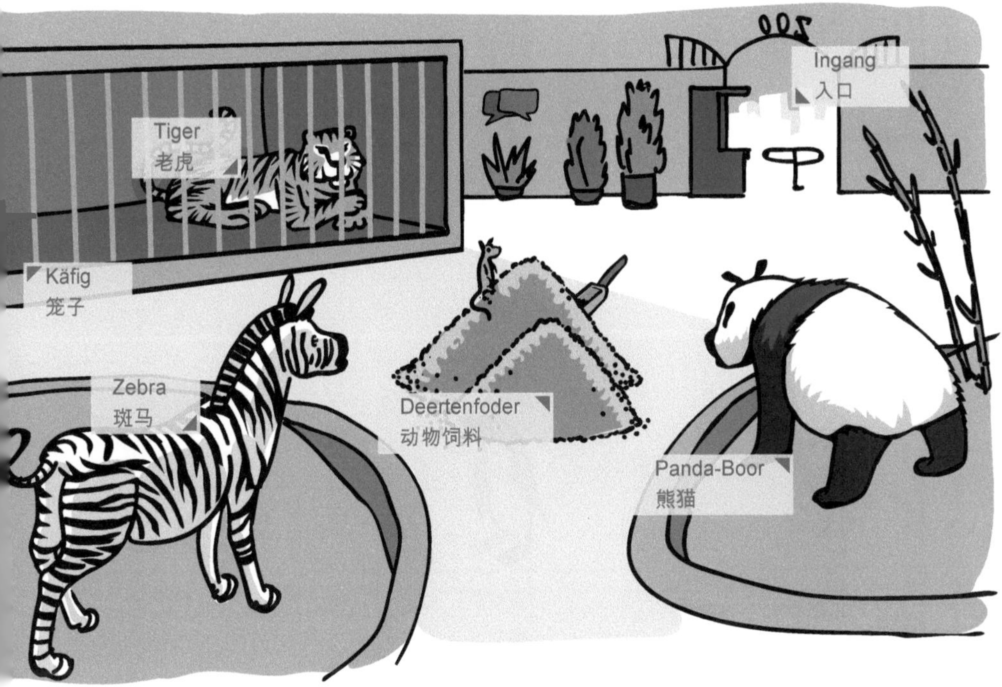
Tiger
老虎
Ingang
入口
Käfig
笼子
Zebra
斑马
Deertenfoder
动物饲料
Panda-Boor
熊猫

Deerten

动物

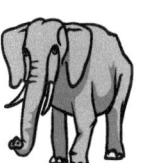

Elefant

大象

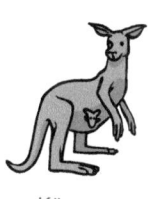

Känguru

袋鼠

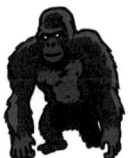

Neeshoorn

犀牛

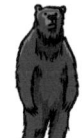

Gorilla

大猩猩

Boor

熊

Kameel

骆驼

Struuß

鸵鸟

Lööv

狮子

Aap

猴子

Flamingo

火烈鸟

Papagoi

鹦鹉

Iesboor

北极熊

Pinguin

企鹅

Haifisch

鲨鱼

Pageluun

孔雀

Slang

蛇

Krokodil

鳄鱼

Oppasser in'n Deertenpark

动物园管理员

Saalhund

海豹

Jaguor

美洲豹

Pony

矮种马

Leopard

豹

Nilpeerd

河马

Giraff

长颈鹿

Aadler

老鹰

Wildswien

野猪

Fisch

鱼

Schildkrööt

龟

Walross

海象

Voss

狐狸

Gazell

羚羊

Amerikaansch Football
橄榄球

Radfohren
骑自行车

Tennis
网球

Korfball
篮球

Swümmen
游泳

Boxen
拳击

Ieshockey
冰球

Football
·············
英式足球

Fedderball
·············
羽毛球

Leichtathletik
·············
田径

Handball
·············
手球

Skilopen
·············
滑雪

Polo
·············
马球

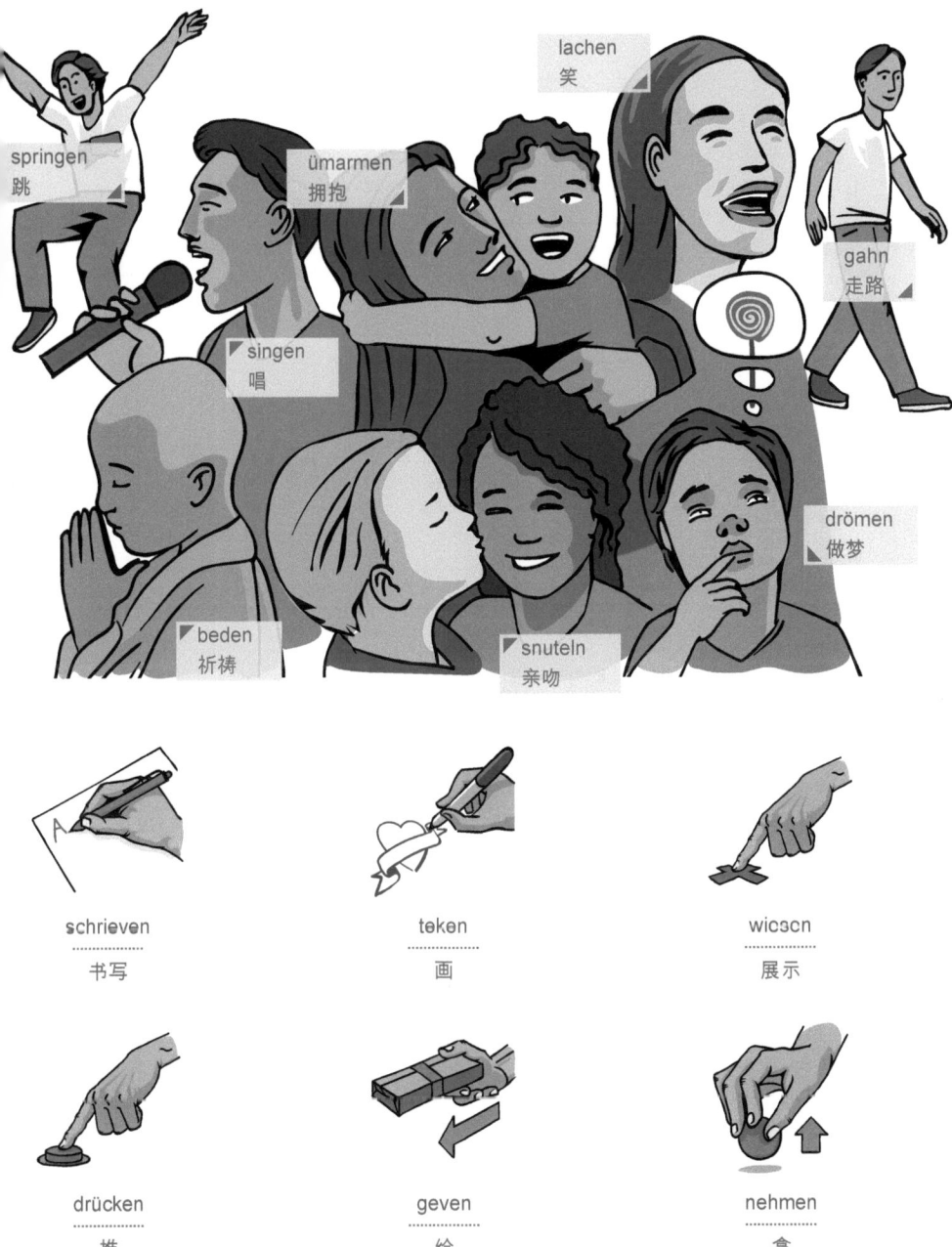

lachen
笑

springen
跳

ümarmen
拥抱

gahn
走路

singen
唱

drömen
做梦

beden
祈祷

snuteln
亲吻

schrieven

书写

teken

画

wiesen

展示

drücken

推

geven

给

nehmen

拿

hebben

有

doon

做

sien

当

stahn

站

lopen

跑

trecken

拉

smieten

扔

fallen

摔倒

liggen

躺

töven

等待

dregen

携带

sitten

坐

antrecken

穿衣

slapen

睡觉

opwaken

醒来

ankieken

看

wenen

哭

eien

抚摸

kämmen

梳头

snacken

交谈

verstahn

明白

fragen

问

hören

听

drinken

喝

eten

吃

oprümen

清理

leefhebben

爱

kaken

做饭

fohren

开车

flegen

飞

Aktivitäten - 活动

segeln

航行

reken

计算

lesen

读

lehren

学习

arbeiden

工作

de Plünnen tohoopsmieten

结婚

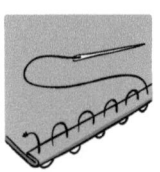

neihen

缝

Tähnen putzen

刷牙

dootmaken

杀

smöken

抽烟

schicken

寄

Grootmoder
祖母

Grootvadder
祖父

Vadder
父亲

Moder
母亲

Winnelkind
婴童

Dochter
女儿

Söhn
儿子

Gast

客人

Tant

阿姨

Unkel

叔叔

Broder

兄弟

Süster

姐妹

Lief

身体

Vörkopp
前额
Oog
眼睛
Schuller
肩膀
Finger
手指
Gesicht
脸
Kinn
下巴
Hand
手
Bost
乳房
Been
腿
Arm
手臂

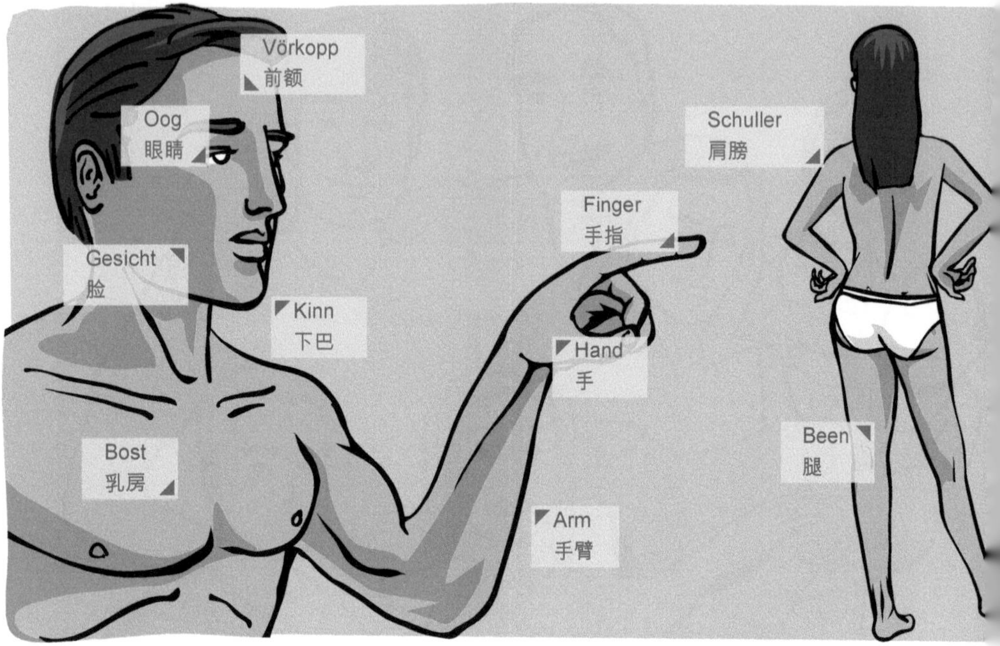

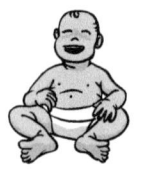

Winnelkind
婴童

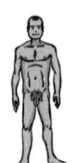

Mann
男人

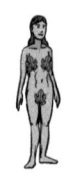

Fro
女人

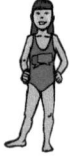

Deern
女孩

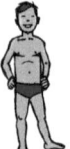

Jung
男孩

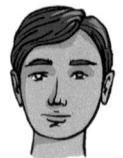

Arm
头

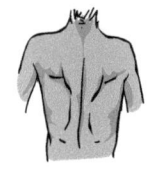

Rüch

背部

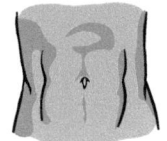

Buuk

肚子

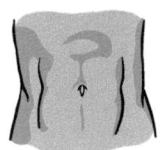

Navel

肚脐

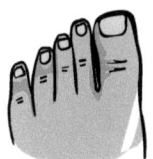

Teh

脚趾

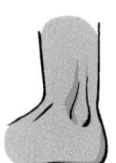

Hack

脚后跟

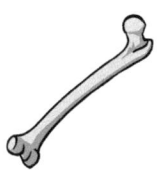

Knaken

骨头

Hüft

臀部

Knee

膝盖

Ellbagen

手肘

Nees

鼻子

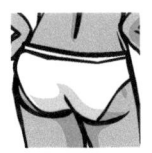

Achtersen

屁股

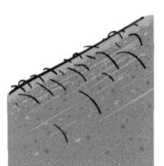

Huut

皮肤

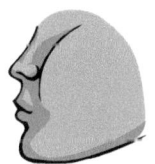

Back

脸颊

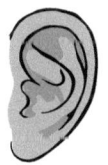

Ohr

耳朵

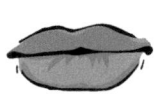

Lipp

嘴唇

Lief - 身体

Mund

嘴

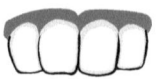

Tähn

牙齿

Tung

舌头

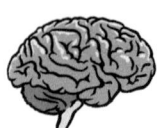

Bregen

脑

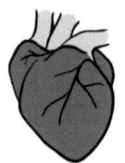

Hart

心脏

Muskel

肌肉

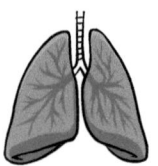

Lung

肺

Lever

肝脏

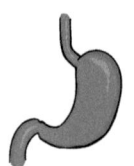

Maag

胃

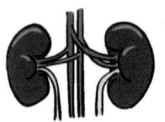

Neren

肾脏

Bislaap

性交

Kondoom

避孕套

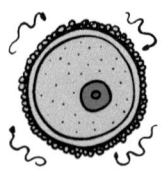

Eizell

卵子

Sperma

精子

Anner Ümstänn

怀孕

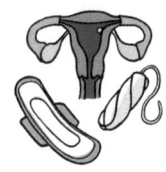

Menstruatschoon

月经

Scheed

阴道

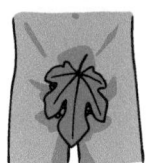

Pint

阴茎

Ogenbroe

眉毛

Hoor

头发

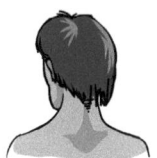

Hals

脖子

Krankenhuus
医院

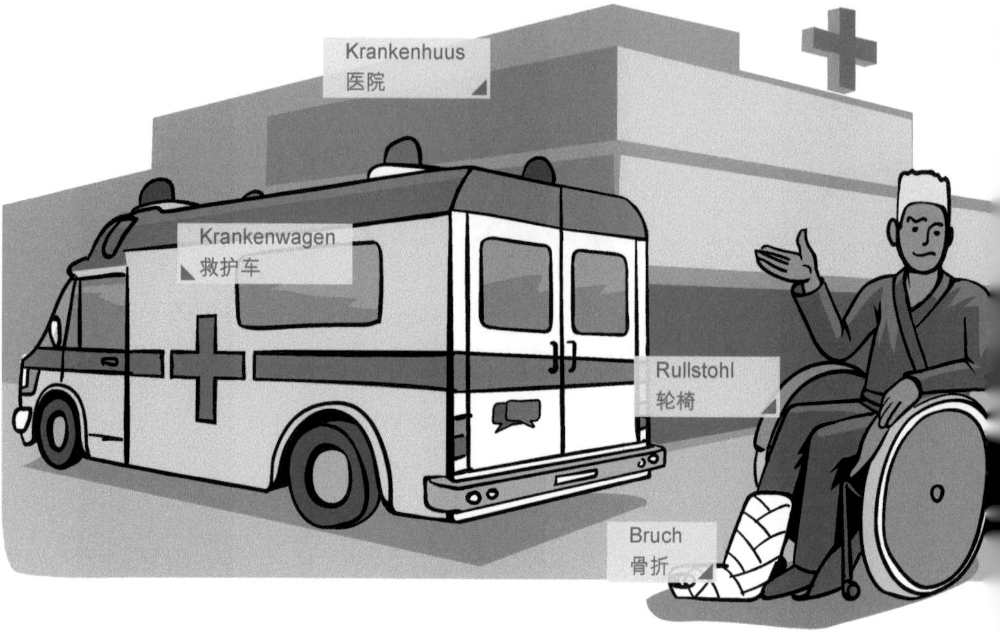

Krankenhuus
医院
Krankenwagen
救护车
Rullstohl
轮椅
Bruch
骨折

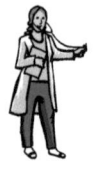

Dokter
医生

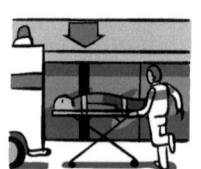

Nootopnahm
急诊室

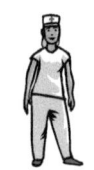

Krankensüster
护士

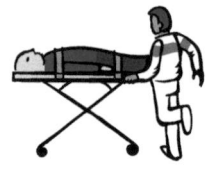

Nootfall
紧急情况

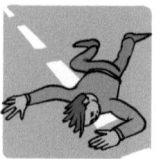

ahnmächtig
昏迷

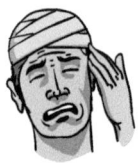

Wehdaag
痛

Verwunnen

受伤

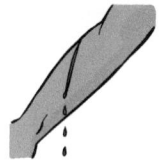

Blöden

出血

Hartinfarkt

心脏病发作

Slaganfall

中风

Allergie

过敏

Hoosten

咳嗽

Fever

发烧

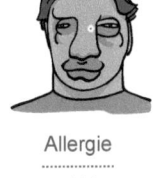

Gripp

流感

Dörchfall

腹泻

Koppwehdaag

头痛

Kreeft

癌症

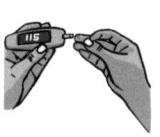

Zuckersüük

糖尿病

Chirurg

外科医生

Chirurgsch Mess

手术刀

Operatschoon

手术

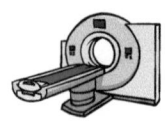

CT
CT

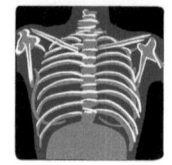

Dörchlüchten
X光

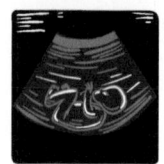

Ultraschall
超声波

Mask
口罩

Krankheit
疾病

Töövruum
候诊室

Krück
拐杖

Plaaster
石膏

Verband
绷带

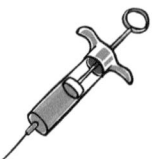

Insprütten
注射

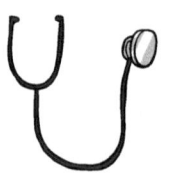

Stethoskop
听诊器

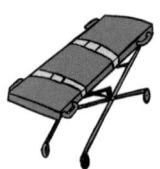

Draag
担架

Feverthermometer
体温计

Geboort
出生

Övergewicht
超重

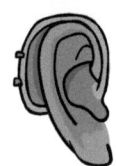

Höörapparat

助听器

Kiemfriemiddel

消毒液

Ansteken

感染

Virus

病毒

HIV / AIDS

艾滋病

Heelmiddel

药物

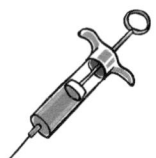

Impen

接种疫苗

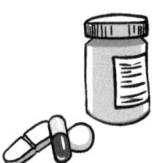

Tabletten

药片

Pill

药丸

Nootroop

急救电话

Blootdruck-Meter

血压计

krank / gesund

生病/健康

Hölp!

救命！

Alarm

警报

Överfall

突击

Angreep

攻击

Gefohr

危险

Nootutgang

紧急出口

Füer!

着火啦！

Füerlöscher

灭火器

Unfall

意外

Noothölpkoffer

急救箱

SOS

呼救信号

Polizei

警察

Europa

欧洲

Noordamerika

北美洲

Süüdamerika

南美洲

Afrika

非洲

Asien

亚洲

Australien

澳洲

Atlantik

大西洋

Pazifik

太平洋

Indisch Weltmeer

印度洋

Antarktisch Weltmeer

南冰洋

Arktisch Weltmeer

北冰洋

Noordpol

北极

Süüdpol

南极

Antarktis

南极洲

Eerd

地球

Land

陆地

See

海

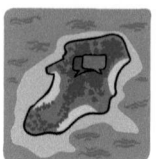

Eiland

岛

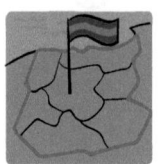

Natschoon

国家

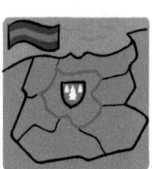

Staat

国家

Tallenblatt

钟面

Stunnenwieser

时针

Minutenwieser

分针

Sekunnenwieser

秒针

Wo laat is dat?

现在几点？

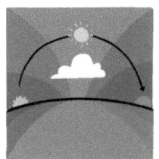

Dag

天

Tiet

时间

nu

现在

digetaalsch Klock

电子表

Minuut

分

Stunn

时

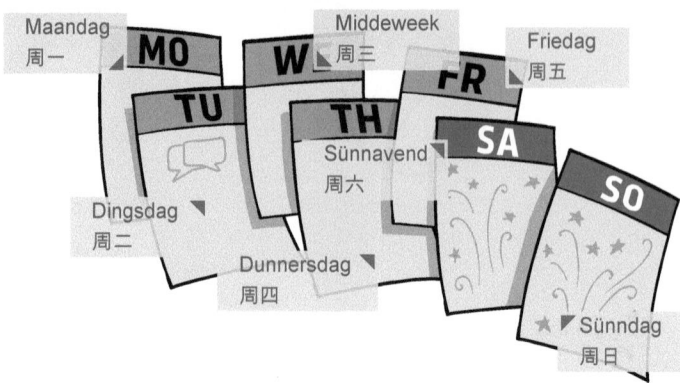

Maandag 周一
Middeweek 周三
Friedag 周五
Dingsdag 周二
Dunnersdag 周四
Sünnavend 周六
Sünndag 周日

güstern

昨天

hüüt

今天

morgen

明天

Morgen

早晨

Meddag

中午

Avend

晚上

MO	TU	WE	TH	FR	SA	SU
1	2	3	4	5	6	7
8	9	10	11	12	13	14
15	16	17	18	19	20	21
22	23	24	25	26	27	28
29	30	31	1	2	3	4

Arbeitsdaag

工作日

MO	TU	WE	TH	FR	SA	SU
1	2	3	4	5	6	7
8	9	10	11	12	13	14
15	16	17	18	19	20	21
22	23	24	25	26	27	28
29	30	31	1	2	3	4

Wekenenn

周末

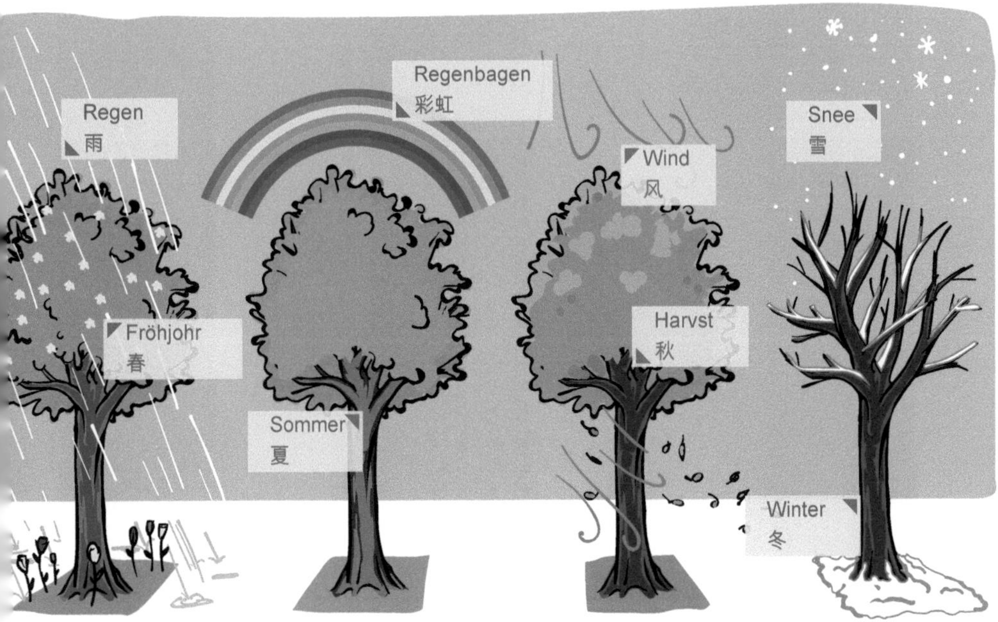

Regen
雨
Regenbagen
彩虹
Snee
雪
Wind
风
Fröhjohr
春
Harvst
秋
Sommer
夏
Winter
冬

4.APRIL 11°
5.APRIL 4°
6.APRIL 13°
7.APRIL 8°
8.APRIL 10°

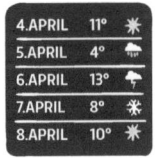

Wedervörhersaag

天气预报

F
C
120
90
60
30
0
-30
40
30
20
10
0
-10
-20

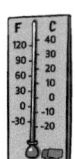

Thermometer

温度计

Sünnenschien

阳光

Wulk

云

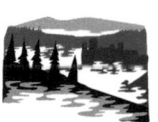

Nevel

雾

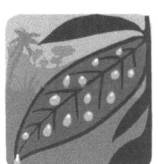

Luftfuchtigkeit

潮湿

Blitz

闪电

Dunner

打雷

Storm

风暴

Hagel

冰雹

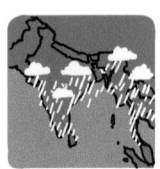

Monsun

季风

Floot

洪水

Ies

冰

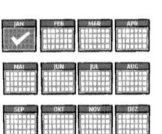

Januormaand

一月

Februormaand

二月

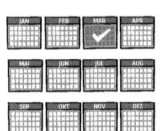

Martmaand

三月

Aprilmaand

四月

Maimaand

五月

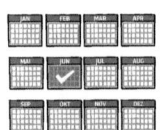

Junimaand

六月

Julimaand

七月

Augustmaand

八月

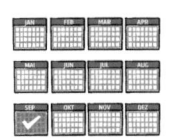

Septembermaand
....
九月

Oktobermaand
....
十月

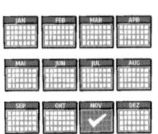

Novembermaand
....
十一月

Dezembermaand
....
十二月

Formen
形状

Krink
....
圆形

Quadrat
....
正方形

Rechteck
....
长方形

Dreeeck
....
三角形

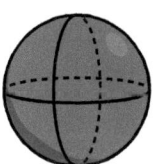

Kugel
....
球体

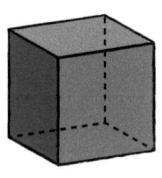

Wörpel
....
立方体

witt

白

geel

黄

orangsch

橙

pink

粉

root

红

lila

紫

blau

蓝

gröön

绿

bruun

棕

gries

灰

swart

黑

veel / wenig
....
很多/少许

böös / verdreeglich
....
生气/平静

smuck / mies
....
美/丑

Begünn / Enn
....
首/尾

groot / lütt
....
大/小

hell / düüster
....
明/暗

Broder / Süster
....
兄弟/姐妹

schier / schietig
....
干净/肮脏

kumpleet / nich kumpleet
....
完整/缺失

Dag / Nacht
....
白天/晚上

doot / lebennig
....
死/生

breet / small
....
宽/窄

geneetbor / nich geneetbor

可食用/非食用

böös / fründlich

邪恶/善良

fickerig / langwielt

兴奋/无聊

dick / dünn

胖/瘦

toeerst / toletzt

第一/最后

Fründ / Fiend

朋友/敌人

vull / leddig

满/空

hart / week

硬/软

swoor / licht

重/轻

Smacht / Döst

饿/渴

krank / gesund

生病/健康

nich na't Recht / na't Recht

非法/合法

klook / dummerhaftig

聪明/愚笨

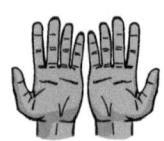

linkerhand / rechterhand

左/右

neeg / feern

近/远

nieg / bruukt

新/旧

nix / wat

没有/有些

oolt / jung

老/幼

an / ut

开/关

apen / slaten

打开/合上

lies / luut

安静/吵闹

riek / arm

富/穷

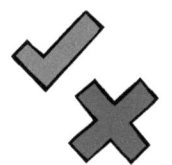

richtig / verkehrt

对/错

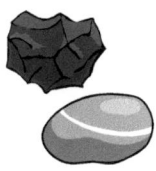

ruug / glatt

粗糙/光滑

trurig / glücklich

伤心/高兴

kort / lang

短/长

suutje / flink

慢/快

natt / dröög

湿/干

warm / köhl

温暖/凉爽

Krieg / Freden

战争/和平

0

null
....
零

1

een
....
一

2

twee
....
二

3

dree
....
三

4

veer
....
四

5

fief
....
五

6

söss
....
六

7

söven
....
七

8

acht
....
八

9

negen
....
九

10

teihn
....
十

11

ölven
....
十一

12

twölf
十二

13

dörteihn
十三

14

veerteihn
十四

15

föffteihn
十五

16

sössteihn
十六

17

söventeihn
十七

18

achtteihn
十八

19

negenteihn
十九

20

twintig
二十

100

hunnert
百

1.000

dusend
千

1.000.000

million
百万

Spraken

语言

Engelsch

英语

Amerikaansch Engelsch

美式英语

Chineesch Mandarin

普通话

Hindi

印地语

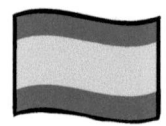

Spaansch

西班牙语

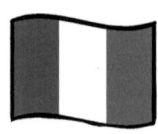

Franzöösch

法语

Araabsch

阿拉伯语

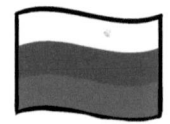

Rusch

俄语

Portugiesch

葡萄牙语

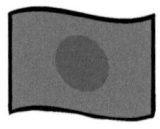

Bengaalsch

孟加拉语

Düütsch

德语

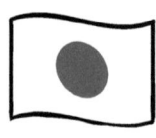

Japaansch

日语

ik

我

du

你

he / se / dat

他/她/它

wi

我们

ji

你们

se

他们

keen?

谁？

wat?

什么？

woans?

怎样？

woneem?

哪里？

wannehr?

什么时候？

Naam

名字

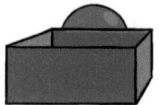

achter

后面

in

里面

vör

前面

över

上方

op

上面

ünner

下面

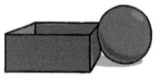

blangen

旁边

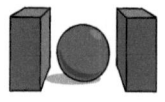

twüschen

中间

Oort

地点